Victor BUCAILLE

AF312671

MONTALEMBERT

« Nous sommes les fils des croisés,
nous ne reculerons pas devant les
fils de Voltaire. »

ÉDITIONS
DU « PETIT DÉMOCRATE »
16, BOULEVARD GAMBETTA, 16
LIMOGES

LIBRAIRIE VICTOR LECOFFRE
J. GABALDA ET Cᵉ
30, RUE BONAPARTE, 30
PARIS

L²⁷ₙ
56538   0 fr. 30

CATHOLICISME ET ACTION SOCIALE

Pour compléter l'action de ses tracts d'apologétique le *Petit Démocrate* lance une nouvelle série d'Études.

Annonçant récemment l'apparition de ces travaux, M. l'abbé Desgranges écrivait : ...... *Quelques-uns de nos collaborateurs préparent une vingtaine de brochures, d'un format élégant, d'une cinquantaine de pages environ, destinées à faire revivre et parler les illustres serviteurs de l'Église qui se sont dévoués, avec le plus d'éclat, à la défense des intérêts populaires. En une heure de lecture nos amis pourront ainsi connaître la biographie ainsi que les pages, les plus éloquentes, les plus caractéristiques les plus « sociales » des Chrysostome, des Basile, des François d'Assise, des Ketteler, des Manning, des Ozanam des Gratry, des Léon XIII..., ces vivants exemplaires de l'action sociale catholique......*

Nos amis auront à cœur de travailler à la diffusion de cette nouvelle série à laquelle la presse a fait un sympathique accueil et dont tout nous fait prévoir un merveilleux succès : la valeur des travaux publiés, leur prix modique et la façon soignée dont ils sont présentés.

C'est le plus grand effort de vulgarisation vraiment sérieuse à bon marché qui ait été réalisé.

Déjà parus : (Janvier 1912)

		franco
Gratry, par Pierre Revaux	....	**0. 30**
Montalembert, par Victor Bucaille	....	**0. 30**
Saint François d'Assise, par Maurice Vaussard		**0. 30**
Ketteler, par Claude Peyroux	....	**0. 30**

Sous presse :

Ozanam, Léon XIII.

Pour paraître prochainement :

Saint Jean Chrysostome, Lacordaire, Perreyve, etc.

Réduction par quantités.

MONTALEMBERT

BIBLIOTHÈQUE NATIONALE — R.F. — IMPRIMÉS

8° Ln² 56538

Victor **BUCAILLE**

MONTALEMBERT

> « Nous sommes les fils des croisés,
> nous ne reculerons pas devant les
> fils de Voltaire. »

ÉDITIONS DU « PETIT DÉMOCRATE »
16, BOULEVARD GAMBETTA, 16
LIMOGES

NIHIL OBSTAT :

L. Marévery

C. H.

IMPRIMATUR :

Limoges, 21 novembre 1911,

G. Lartisien.

V. G.

Le 17 mars 1870 une foule nombreuse conduisait
de l'Église Sainte-Clotilde au cimetière de Picpus
la dépouille mortelle de Montalembert(1). Le funèbre
cortège suivait les voies qui longent en bordure la
Seine. Des ouvriers travaillaient sur les quais. A la
vue de ces simples obsèques et de la foule recueillie,
ils s'approchèrent d'un étudiant et lui demandèrent
quel était celui qu'on menait ainsi à sa dernière
demeure : « C'est Montalembert », dit-il. Alors les
ouvriers se découvrirent, une larme perça même
au bord de leurs paupières ; et comme l'étudiant
s'étonnait que le peuple eut gardé le souvenir de son
nom, l'un d'eux ajouta : « C'est qu'il était populaire
et très aimé des petites gens ? » Tant il est vrai que ne
sont point seuls estimés dans la mémoire du peuple les
hommes qui ont flatté ses passions et approuvé ses
excès ! Montalembert eut l'honneur insigne et la charge
redoutable de conduire les catholiques hésitants à
l'assaut de la liberté d'enseignement. Il fut aussi, à

---

(1) Pour une étude plus approfondie de Montalembert, consul-
ter les trois remarquables volumes que le P. Lecanuet a consacrés
au grand orateur catholique.

une époque où la haine antichrétienne trouvait dans le mauvais goût une alliée naturelle, le défenseur de nos églises délabrées et l'un des plus vigoureux lutteurs dans la guerre aux Vandales destructeurs. Ami sincère et passionné de la liberté, il éleva ses protestations indignées en faveur des opprimés et la Pologne, l'Irlande, la Suisse et l'Italie trouvèrent en lui un ardent protecteur. Chevalier du Christ, il aima l'Église de toute la force de son âme enthousiaste et se fit l'énergique champion de ses libertés violées, de son indépendance menacée. Fidèle disciple de Jésus, Dieu de charité et de justice, il servit les pauvres avec amour, les causes sociales avec ardeur. M. de Mun disait un jour de lui : « Qui parmi les catholiques épris d'action sociale, s'attarde à saluer en Montalembert un précurseur. » Enfin le jour où l'universelle indifférence permit le despotisme et toléra le silence, il quitta la tribune où ne pouvait plus se faire entendre son éloquente voix et se fit l'historien des Moines d'Occident. Mais bientôt le vaillant vétéran s'éteignit, terrassé par un mal implacable.

La jeunesse (1810-1831).

Charles-Forbes-René de Montalembert naquit à Londres, le 15 avril 1810, d'un père émigré français, et d'une mère anglaise. Jusqu'à sa neuvième année, il fut élevé par son grand-père, Monsieur Forbes : les devoirs d'un fidèle de l'exilé d'Hartwell, les charges d'un ambassadeur et d'un pair du roi Louis XVIII obligeaient ses parents à de continuels déplacements.

Son père unissait à la bravoure chevaleresque de sa race, à la respectueuse observance des obligations qu'il devait au roi, un amour passionné de la liberté et de la gloire de son pays. Sa mère, protestante anglicane, née dans la libre Angleterre, était fille d'un homme de science distinguée et de rigide piété. Très aimée de son père et l'estimant beaucoup, elle savait en quelles mains elle laissait son cher fils et quelle forte éducation lui serait donnée.

Le grand-père entoura l'enfant de sa paternelle affection. Il s'efforça d'éveiller en son âme la connaissance du beau et l'insatiable désir d'une universelle curiosité. Chrétien austère et pratiquant, il s'ingénia à faire naître en lui l'amour de Dieu, la continuelle recherche de la vérité, l'horreur de toute oppression, le mépris de toute bassesse. Charles aimait son grand-père de toute la force de son cœur d'enfant. Jamais il ne voulait

s'en séparer, l'accompagnant dans ses promenades
aux environs de Fulham, ne le quittant pas lorsqu'il
travaillait dans sa bibliothèque ; alors sa curiosité
enfantine lui faisait ouvrir les ouvrages aux belles
histoires, aux tirades passionnées ; il aimait à lire
et à déclamer les discours enflammés des éloquents
défenseurs de l'Irlande, et des grands amis de la liberté
parlementaire ; reposant sa tête fatiguée, il se
réjouissait à la vue des splendides collections de fleurs,
de plantes et d'animaux que son aïeul, grand voyageur, avait rapportées des Indes et de l'Afrique. Ainsi
passèrent dans la grasse campagne des environs
de Londres les premières années du jeune Charles de
Montalembert. Une fois cependant, il vint à Paris.
Avec son grand-père, un dimanche, il se promenait
sur les Boulevards, profondément blessé dans son
âme chrétienne, des multiples atteintes à l'observation de la divine loi du dimanche. Une marchande des
quatre saisons, dont la voiturette était surchargée
de fruits alléchants et de grappes de raisins vermeilles,
leur offrit sa tentante marchandise. Mais Charles,
redressant sa tête virginale, qu'encadraient d'adora-
bles cheveux blonds, avec cet air de dignité froissée que
savent prendre si bien les enfants de dix ans répondit :
« Madame, nous n'achetons jamais rien le dimanche »
Il vivait déjà si bien sa religion que son devoir social
lui apparaissait naturellement dans l'observation précise de ses règles. Christianisme et catholicisme social,
ne lui semblaient pas deux entités différentes, ainsi
que le veulent croire aujourd'hui encore les ignorants
attardés, ou les adversaires craintifs pour leurs desseins
néfastes. Aussi paraît-il salutaire de rappeler ces quelques lignes de Brunetière : « Si l'on parle aujourd'hui
de Christianisme ou de catholicisme social, ce n'est
pas du tout qu'ils ne l'aient pas toujours été, ni qu'on
puisse un instant concevoir qu'ils cessent de l'être,

sans cesser d'être aussitôt le catholicisme ou le christianisme même ; mais comme il y a des temps de se taire et des temps de parler, ainsi y a-t-il des temps de développer avec plus d'ampleur telle ou telle partie d'un universel enseignement. L'action catholique a toujours été sociale, et le sera toujours ; elle l'est seulement avec plus d'évidence et de continuité, quand elle s'exerce, comme de nos jours, en temps de révolution sociale ».

Ainsi fut élevé Charles. La mort lui enleva, en 1819, son grand-père. Cette circonstance obligea ses parents à le mettre en contact avec les collèges universitaires de Paris où triomphaient « le doute contagieux, l'impiété froide et tenace » (1). Il fit ses classes au collège Bourbon et termina ses études à Sainte-Barbe, atteint dans son intelligence sensible et son cœur innocent, par la desséchante vie des « prisons collégiales ». Des amitiés sûres et vivaces, l'influence heureuse d'un prêtre de grand caractère, la bonté naturelle de son âme ardente, lui permirent de traverser sans trop de dangers pour sa pureté et pour sa foi ses périlleuses années de toute jeunesse.

Les études finies, et couronnées par de nombreux succès aux concours généraux, Montalembert quitta la France pour la Suède, où l'appelait la volonté de son père, alors ambassadeur à Stockholm. Le séjour en Suède fut pour Charles un séjour d'ennui. Les relations mondaines de son père, les bals, les soirées des ambassades, ne le tentaient point. Travailleur infatigable (à Sainte-Barbe il travaillait 15 heures par jour), esprit ouvert à toutes les connaissances, les vaines conversations des salons à la mode n'avaient pour lui aucun charme. Mais il savait occuper son

____

(1) Lamennais.

temps et ses loisirs. Il se lia d'amitié avec le baron d'Anckarswärd, chef de l'opposition constitutionnelle en Suède, dont l'enchantaient les idées libérales et le grand talent de parole. Avec son aide, il pénétra la politique suédoise, s'initia aux luttes parlementaires de ce pays, et rentré en France écrivit sur : « La Liberté constitutionnelle en Suède », deux articles fort remarqués. Il visitait aussi la contrée cherchant à connaître les mœurs des habitants, les coutumes des populations ; il sympathisait avec les rares catholiques de ces protestantes régions, allait entendre la messe dans de pauvres églises de planches et revenait édifié du recueillement de ce peuple, de sa forte et naïve piété.

Un fait que nous ne pouvons passer sous silence, tant la répercussion en fut, à notre avis, grande sur son âme et sur sa vie devait attrister les douces années de sa jeunesse. Il perdait à Besançon le 3 octobre 1829, sa jeune sœur Elise, dont la délicatesse de cœur l'avait consolé durant les heures d'ennuis des soirées monotones de Suède, et dont la fraternelle affection avait réchauffé son âme débordante. Atteinte de la poitrine, le mal implacable la consumait, préparant par une lente agonie son âme d'ange à une sainte mort. Charles pleura, Charles souffrit, Charles comprit le divin mystère qui unissait sa sœur morte et triomphante à lui, accablé, luttant pour sa foi et son Dieu. Heureuse douleur qui purifia son âme ! Heureuse mort qui mit pour lui une avocate auprès du maître Divin !

Après son séjour en Suède et une année passée à Paris, il prenait au lendemain de la Révolution de Juillet le chemin de l'Irlande, désireux de connaître la terre opprimée et d'approcher celui en qui à cette heure communiaient toutes les espérances, l'immortel champion de l'Irlande immortelle, O' Connell.

En octobre 1830, Montalembert rentrait à Paris,

et sous la direction de Lamennais participait à la
rédaction de l'*Avenir* ; l'affaire de l'École libre bientôt le mettait en vedette.

La Révolution de juillet avait déchaîné les passions, les
désirs des hommes s'exprimaient en violences, le peuple
s'essayait à faire des lois au moyen d'émeutes et de pilla-
ges. Époque de transition où tous demandent au pouvoir qui promit tout, la réalisation de ses promesses ! La
liberté d'enseignement avait été inscrite dans la charte.
Le Gouvernement tardait à l'accorder ; Montalembert,
Lacordaire et de Coux résolurent de prendre ce qu'on
ne voulait point leur donner. On venait à Lyon de
fermer les manécanteries, écoles où gratuitement le
clergé élevait ses enfants de chœurs. A Paris un local
fut loué, et le 9 mai au matin, les trois amis ouvraient,
rue des Beaux-Arts, une école libre sans aucune auto-
risation universitaire. Les cours commencèrent ; le
lendemain 10, dans l'après-midi, le commissaire se
présenta : « Au nom de la loi, retirez-vous ? » Refus
formel. Le lendemain, armé de pouvoirs plus étendus,
le commissaire revient ; nouvelle sommation, nouveau
refus. Trois fois, il répéta sans succès la sommation, en définitive il usa de la force. Les gendarmes
prirent les dix-huit enfants par la main pour les
faire sortir. On fit, de même, violence à Montalembert et à de Coux. Lacordaire qui avait loué la salle
en son nom, ne put être expulsé de chez lui. L'inci-
dent fit du bruit. La justice fut saisie. Il y eut en première instance, virulent réquisitoire, et plaidoiries
éloquentes. Le Tribunal allait se prononcer, lorsque,
le 31 mai 1831, mourut M. de Montalembert, pair de
France. Son fils Charles était, par droit héréditaire
investi de la pairie ; en vertu de la Charte, il devenait
justiciable de la Chambre des Pairs.

La chambre des pairs (1831-1848).

Les accusés comparurent devant la Haute-Cour le 19 septembre 1831. M. Persil procureur général près la Cour d'assises de Paris, poursuivait. Lacordaire. Montalembert et de Coux prirent successivement la parole. Ce dernier fit entendre une énergique protestation. De toute la chaleur de son âme indignée, il prononça un énergique plaidoyer dont le souvenir vit encore dans les mémoires catholiques.

Non, je ne pense pas que ma foi doive mourir. Non, je ne pense pas que le souffle qui lui donna la vie soit fait pour s'éteindre sous un souffle mortel. C'est parce que je la crois vivace et forte d'un éternel avenir, que je lui ai consacré ma vie courte et obscure. Et non seulement je crois qu'elle vivra, mais je crois qu'elle seule peut faire vivre le monde. Elle seule peut rendre le bonheur et la paix à ce peuple auquel nous nous faisons gloire d'appartenir, à ce pays, objet de nos plus chères affections, à ces masses populaires qui fondent et détruisent les royautés terrestres, et pour qui ces royautés sont toujours stériles. Humbles disciples, de cette religion que l'on ignore et que l'on oublie bien plus qu'on ne la repousse et qu'on ne la méprise, il nous eut été doux de montrer dans les épanchements de nos âmes avec celles de nos élèves, tout ce qu'elle renferme de fécond et de consolant pour le pauvre et pour l'enfant. Peut-être nos efforts n'eussent-ils été ni infructueux ni dédaignés.
. . . .

Notre vie c'est toute notre richesse et nous la dévouerions de bien bon cœur à servir notre Dieu dans la personne de ces pauvres. Notre plus belle récompense serait de leur expliquer l'auguste mystère de leur pauvreté ; et de leur révéler le prix sublime qui attend leurs vertus inconnues. Nous remplirions ainsi la sainte et primitive mission de notre foi en travaillant pour le bien de la classe la plus nombreuse et la plus pauvre, de celle pour qui la civilisation avec toutes ses pompes est restée sans consolation et sans asile. Nous leur dirions avec un de ces hommes envoyés il y a dix-huit siècles pour prêcher au monde Dieu et la Liberté : Nous n'avons ni or ni argent, mais nous vous donnons tout ce que nous possédons nous-mêmes. Nous n'avons ni trésors, ni jouissances matérielles à vous offrir mais nous vous donnons tout ce que Dieu nous a donné, tout ce qui fait à nous notre consolation et notre bonheur ; nous vous offrons ce qui sauve, ce qui bénit, ce qui fait vivre, la foi, l'espérance, et l'amour (1).

Langage sublime, admirable déclaration mais que ne pouvaient comprendre la plupart des Pairs, serviteurs toujours dévoués des Régimes passagers. Fils derniers nés du xviiie siècle incrédule et sceptique, leur religion, quand ils en avaient, était une parure de luxe, non un vivifiant soutien. Comme l'aïeul sourit de la vivacité mutine du dernier enfant de sa race (2), ils souriaient à l'éloquence pleine de verdeur du jeune pair venu parmi eux. Ils condamnèrent les accusés au minimum de la peine, à cent francs d'amende. La cause de la liberté d'enseignement posée pour la première fois devant l'opinion n'avait plus contre elle que la sourde hostilité des Chambres, le mauvais vouloir des pouvoirs publics. Montalembert devait se faire le stratège de cette guerre de vingt ans, le chevalier fidèle de cette héroïque croisade. Mais avant de se lancer à l'assaut, il voulait se recueillir encore.

Les affaires de l'*Avenir* retenaient son attention. Il partit pour Rome, puis de là pour l'Allemagne. D'Irlande, à la nouvelle du mouvement de l'*Avenir*, Charles avait envoyé à Lamennais son enthousiaste adhésion. Nature débordante, cœur généreux et sincère, il devait se donner à cette décevante aventure avec toute la fougue passionnée de son ardente jeunesse. Certes, ses intentions étaient pures, pures aussi celles de ceux à qui pour un temps il enchaînait sa vie. Avec une juvénile témérité et la joie naïve de ceux qui découvrent une terre nouvelle qu'ils croient véritable

____

(1) *Œuvres*, t. i, p. 27 et suivantes.
(2) De Broglie.

Paradis, les rédacteurs de l'*Avenir* avaient dans
l'état futur du monde, voulu la liberté sans limites, la démocratie sans contrepoids comme si les
contrepoids et les limites n'étaient pas nécessaires à
toute humaine faiblesse. Novateurs audacieux, ils
n'ont pas toujours gardé la juste mesure, ils n'ont pas
évité l'exagération et c'est l'excès de leur langage
et de leurs thèses qui fut et demeure condamné.

De retour de Rome, à Munich, Charles apprit la condamnation du journal, il connut les hésitations de
Lamennais.

Fermement attaché à celui qui avait guidé ses pas,
soutenu ses efforts, encouragé ses espérances, Monta -
lembert ne voulait pas l'abandonner à l'heure des
accablants revers. Mais l'orgueil inébranlable du
Maître (1) se refusait à soumission ; déjà il concevait
des doutes sur la vérité catholique, déjà il n'était plus
chrétien de cœur. Sa défection chagrina ses disciples
autant qu'elle réjouit les ennemis de l'Église ; les amis
de Montalembert s'alarmèrent de sa fidélité au prêtre
apostat ; leurs prières répétées, leurs ardentes suppli-
cations le retinrent au bord de l'abîme. Charles marcha
sur son cœur pour obéir à sa foi (2), la douleur burina
son âme, il sortit vainqueur de l'épreuve, il était
mûr pour de triomphants combats.

En 1833, il partait à nouveau pour l'Allemagne. Ce
voyage devait être l'occasion d'un chef-d'œuvre de
proportion exquise, de simplicité magnifique :« Sainte
Elisabeth de Hongrie ».

Montalembert, dans l'introduction qui précède son
œuvre, écrit :

Le 19 novembre 1833, un **voyageur** arriva à Marbourg, ville de

---

(1) Lamennais. Ainsi l'appelaient ceux qui vivaient dans son
intimité.

(2) Thureau-Dangin.

la Hesse électorale, située sur les bords charmants de la Lahn ;
il s'y arrêta pour étudier l'église gothique qu'elle renferme, célèbre
à la fois par sa pure et parfaite beauté, et parce qu'elle fut la première de l'Allemagne où l'ogive triompha du plein cintre dans la
grande rénovation de l'art au xiiie siècle. Cette basilique porte
le nom de Sainte-Élisabeth, et il se trouva que ce jour-là était le
jour même de sa fête. Dans l'église, aujourd'hui luthérienne,
comme toute cette contrée, on ne voyait aucune marque de solen-
nité, seulement en l'honneur de ce jour et contre l'habitude protestante, l'église était ouverte, et de petits enfants y jouaient en
sautant sur des tombes. L'étranger parcourut ses vastes nefs déser-
tes et dévastées mais encore jeunes d'élégance et de légèreté.
Il vit, adossée à un pilier, la statue d'une jeune femme en habits
de veuve, au visage doux et résigné, tenant d'une main le modèle
d'une église, et de l'autre faisant l'aumône à un malheureux estro-
pié. Plus loin, sur des autels nus, et dont nulle main sacerdotale
ne vient jamais essuyer la poussière, il examina curieusement
d'anciennes peintures sur bois à demi effacées, des sculptures en
relief mutilées, mais les unes comme les autres profondément em-
preintes du charme naïf et tendre de l'art chrétien. Il y distingua
une jeune femme effrayée qui faisait voir à un guerrier couronné
son manteau rempli de roses ; plus loin ce même guerrier, décou-
vrant avec violence son lit, y trouvait le Christ couché sur la croix ;
plus loin encore tous deux s'arrachaient avec une grande douleur
des bras l'un de l'autre ; puis on voyait la jeune femme, plus belle
que dans tous les autres sujets, étendue sur son lit de mort au
milieu de prêtres et des religieuses qui pleuraient ; en dernier lieu,
des évêques déterraient un cercueil, sur lequel l'empereur déposait
sa couronne. On dit au voyageur que c'étaient là des traits de la
vie de sainte Élisabeth, souveraine de ce pays, morte, il y a six
siècles à pareil jour, dans cette même ville de Marbourg, et enterrée
dans cette même église. Au fond d'une obscure sacristie, on lui
montra la châsse d'argent couverte de sculptures qui avait renfer-
mé les reliques de la bienheureuse jusqu'au moment, où l'un de
ses descendants devenu protestant les en avait arrachées et jetées
au vent. Sous le baldaquin de pierre qui couvrait autrefois cette
châsse, il vit que chaque marche était profondément creusée ; et
on lui dit que c'était la trace des pèlerins innombrables qui étaient
venus s'y agenouiller autrefois, mais qui depuis trois siècles, n'y
venaient plus. Il sut qu'il y avait bien dans cette ville quelques
fidèles et un prêtre catholique, mais ni messe ni souvenir quel-
conque pour la sainte dont c'était ce jour-là même l'anniversaire.
La foi qui avait laissé son empreinte profonde sur la froide pierre,
n'en avait laissé aucune dans les cœurs.

L'étranger baisa cette pierre creusée par les générations fidèles et reprit sa course solitaire ; mais un triste et doux souvenir de cette sainte délaissée, dont il était venu pèlerin involontaire, célébrer la fête oubliée ne le quitta plus. Il entreprit d'étudier sa vie ; il fouilla tour à tour dans ces riches dépôts d'antique science que la docte Allemagne offre en si grand nombre. Séduit et charmé chaque jour davantage par ce qu'il apprenait sur elle, cette pensée devient peu à peu l'étoile directrice de sa marche. Après avoir épuisé les livres et les chroniques, et consulté les manuscrits les plus négligés, il voulut comme l'avait fait le premier des anciens historiens de la sainte interroger les lieux et les traditions populaires. Il alla donc de ville en ville, de château en château, d'église en église, chercher partout les traces de celle qui a été de tout temps nommée, dans l'Allemagne catholique, la chère sainte Élisabeth.

Ce sont les fruits de ces longues recherches, de ces pieux pèlerinages, que renferme ce livre.

Certes une aussi délicieuse figure de sainte était bien faite pour séduire l'enthousiaste imagination et la naïve piété de Charles de Montalembert ! et de plus le souvenir, de sa douce Elise, morte à quinze ans n'était-il point associé à celui de la patronne de cette sœur tendrement aimée, ornée comme celle-ci de toutes les grâces, mais comme elle aussi, frappée avant le temps, veuve à vingt ans, morte à vingt-quatre.

Née dans le fond de la Hongrie, Élisabeth est à quatre ans fiancée à un enfant de onze, Louis de Thuringe et on l'apporte à son fiancé sur un plateau d'argent. Dès ses plus tendres années, au milieu des frivolités de la cour de Thuringe, la plus brillante, la plus oisive des cours d'Allemagne, où les poètes et les troubadours sont les héros de perpétuelles fêtes, la sainteté d'Elisabeth éclate, mais la rend odieuse aux mains profanes. On veut la chasser, seul le jeune landgrave lui reste fidèle et dès qu'il le peut devient son époux.

C'est le ménage le plus chaste, le plus uni qui fut jamais, le modèle des ménages chrétiens. « Au milieu de ce bonheur humain, des joies de la maternité, des hommages et de l'éclat d'une cour chevaleresque, son âme s'élance déjà par la mortification, par l'humilité, par la piété la plus fervente, vers la source éternelle de l'amour, et les germes de cette vie supérieure s'épanouissent dans une charité sans limites, dans une sollicitude infatigable pour toutes les misères des pauvres. » Mais bientôt l'appel du Pontife suprême, le désir de délivrer le tombeau du Christ crucifié, entraînent vers la Palestine son jeune époux. Aussi loin qu'elle le peut, elle l'accompagne ; ses adieux sont touchants d'énergie et de tendresse, comme à l'annonce de la mort prématurée de cet époux aimé : douces seront ses larmes, et virile sa douleur. La séparation est faite. Dieu règne alors dans son cœur c'est aussi à partir de ce moment que

le malheur se plaît à l'accabler : elle est brutalement chassée de sa résidence souveraine ; elle erre dans les rues avec ses petits enfants, en proie au froid et à la faim. Mais quand ces injures sont réparées, elle n'en est pas plus réconciliée avec la vie mondaine. Restée veuve à vingt ans et dans tout l'éclat de la beauté, elle dédaigne la main des plus puissants princes, elle contracte avec le Christ une seconde et indissoluble union. Elle le recherche et elle le sert dans la personne des malheureux ; quand il ne lui reste plus rien, elle se donne elle même à eux, elle consacre sa vie à leur rendre les plus rebutants services. C'est en vain que son père, e roi de Hongrie, envoie un ambassadeur pour la ramener auprès de lui. Ce seigneur la trouve à son rouet, décidée à préférer le ciel à toutes les splendeurs royales de sa patrie terrestre. En échange de ses austérités, de sa pauvreté volontaire, du joug de l'obéissance sous lequel elle brise chaque jour tout son être, le divin époux lui accorde une joie et une puissance surnaturelle : un regard, une prière d'elle suffisent pour guérir les maux de ses frères. Enfin, à la fleur de l'âge, mûre pour l'éternité, elle meurt en chantant un cantique de triomphe, qu'on entend répéter aux anges dans les cieux.

Ainsi, dans les vingt-quatre années de sa vie, nous la voyons tour à tour orpheline, étrangère et persécutée, fiancée modeste et touchante, femme sans rivale par la tendresse, mère féconde et dévouée, souveraine puissante par les bienfaits bien plus que par

2

son rang ; puis veuve cruellement opprimée, pénitente sans péché,
religieuse austère, vraie sœur de charité, épouse fervente, et favo-
rite de Dieu, qui la glorifie par des miracles avant de l'appeler à
lui ; et, dans toutes les vicissitudes de la vie, toujours fidèle à son
caractère fondamental, à cette parfaite simplicité qui est le plus
doux fruit, et le plus flagrant parfum de l'amour.

Montalembert raconta la vie d'Elisabeth avec
amour, et ses souffrances avec admiration. Il mit
dans cette œuvre toute la sève printanière et la sura-
bondance de vie de son enthousiaste jeunesse, la vir-
ginité de ses sentiments, la fraîcheur et la suavité de
coloris de son intelligence d'élite, en un mot il y mit
toute son âme, et il avait beaucoup d'âme : il aimait tendrement sa chère sainte et il sut la faire tendrement
aimer.

Mais la grande œuvre qui sollicita les efforts continus
du vaillant Montalembert fut la conquête de la liberté
d'enseignement. Napoléon en rendant à l'Église l'existence légale, ne lui avait pas rendu la liberté. Désireux
de façonner à sa guise les intelligences des générations
futures, il avait fait l'État unique éducateur et avait
donné à l'Université le monopole de l'enseignement.
Dans son vaste empire, il ne désirait que le bruit
glorieux de ses victoires répétées, il voulait que tout
se taise autour de son trône, et la France lui avait si
bien obéi, que la chute même de sa puissance n'avait
point soulevé de protestation. La Restauration avait
conservé le monopole, plus même, l'avait aggravé,
en fixant par une ordonnance de 1828 le nombre des
élèves des petits séminaires et en transférant au Roi
la nomination de leurs supérieurs. On ne sait comment
se glissa dans la Charte de 1830 qu'avait rédigée La
Fayette l'article sur lequel les catholiques s'appuyèrent
pour revendiquer le droit d'instruire. Mais le pli de
la servitude était si bien pris, qu'on ne s'étonna
point de voir la Chambre des Pairs condamner les

jeunes délinquants de la Rue des Beaux-Arts. Les
évêques eux-mêmes ne comprenaient point encore le
péril que faisait courir à la foi catholique de la France
l'enseignement déiste de l'Université. Ils ne voyaient
toujours pas qu'il fallait la liberté pour sauvegarder
l'indépendance des consciences, et que l'arbitraire
ne conduisait qu'au scepticisme.

Le cri d'alarme fut poussé par Montalembert à
la tribune le 6 juin 1842. N'écoutant que son courage,
sans s'inquiéter de la mollesse des uns, ni de l'animosité des autres, l'orateur poursuivit son but sans
basses forfanteries, ni déprimantes défaillances. Cependant il avait à combattre de multiples difficultés :
tiédeur des parents à revendiquer leurs droits de père
de famille ; indifférence et défiance de la bourgeoisie
conservatrice à l'endroit des rares pétitions adressées
aux Chambres dans cet intérêt, hostilité déclarée
sur ce point du parti de l'opposition tout entier et
de toute la presse. Dans les Chambres, il lui fallait
triompher de l'union des passions antireligieuses
de l'extrême gauche avec les instincts timides de la
plupart des députés ministériels, car la liberté d'enseignement était suspecte. Revendiquée par nombre de
légitimistes, la grande partie de la majorité n'y voulait
voir qu'une manœuvre de parti : perpétuelle étroi-
tesse d'esprit de ceux qui ignorant le désintéressement pour eux-mêmes, ne peuvent croire qu'il existe
pour d'autres !

Rien de cela n'effraya Montalembert. Il avait
trouvé la noble cause à laquelle il put dévouer sa vie,
et il avait l'âme trop haute « pour se laisser ébranler
ou décourager par aucune défection des hommes,
aucun déboire des événements (1). »

____

(1) Thureau-Dangin.

Dès le premier engagement, il précise le terrain des
luttes futures. On lui reproche de s'attaquer à l'Université ; ce n'est pas elle qu'il attaque, c'est son monopole seul, ce n'est pas à l'enseignement qu'elle donne
qu'il en veut, mais il ne peut admettre que cet enseignement soit imposé à tous ; « il y a des parents,
et en grand nombre qui veulent veiller avant tout
à l'éducation religieuse de leurs enfants et qui atta-
chent plus de prix à cette éducation morale qu'à l'ins-
truction quelque développée et quelque perfectionnée
qu'elle soit que distribue l'Université (1) ». C'est au
nom de ces parents qu'il prend la parole et qu'il de-
mande au Ministre le dépôt d'un nouveau projet
de loi.

La santé ébranlée de sa femme nécessitant un séjour dans un climat plus hospitalier éloigne momenta-
nément le vaillant lutteur du lieu du combat. A Madère
cependant, il ne cesse de surveiller la politique religieuse du Gouvernement et dans le recueillement
d'une retraite forcée, il compose sa brochure sur le
*Devoir des Catholiques dans la question de la Liberté
d'enseignement.* Cet opuscule fit sensation, il réveilla
les courages endormis, affermit les volontés chance-
lantes ; de toutes parts arrivent les adhésions et les
félicitations, l'espérance renaît au cœur des catholiques, le désordre se fait voir chez les adversaires. Les
évêques sortent de leur réserve et rédigent des protestations. Alors pour rallier leurs troupes dispersées,
les libéraux tentent une diversion, ils attaquent les
Jésuites « nom heureux pour la haine, car il dispense
de la vérité et il remplace la justice (2) ».

Mais brusquement, le 2 février 1844, M. Villemain

____

(1) *Œuvres*, ɪ, 351.
(2) De Ravignan, de l'Institut des Jésuites.

présente à la Chambre des Pairs un nouveau projet sur la liberté d'enseignement. Cédant aux sollicitations de ses amis, Montalembert quitte Madère et revient prendre sa place, à son poste de vigie.

Le 16 avril, il monte à la tribune et venge les évêques des attaques vulgaires de M. Dupin.

Il est temps cependant de s'entendre : quand nous ne disions rien, on disait de nous : Ils conspirent dans l'ombre ; ils se livrent à des intrigues souterraines ; sous la Restauration on chantait : Hommes noirs, sortez de dessous terre ! Et quand nous sommes sortis, quand nous avons dit ce que nous étions, ce que nous voulions, on s'écrie : Quelle audace, quelle insolence ! Sous les monarchies absolues, quand les catholiques se taisent, on dit : ils sont les complices de l'absolutisme. Dans les pays de liberté, quand les catholiques cherchent à adopter les institutions et les allures du peuple où ils vivent, on les injurie de plus belle. Regardez, dit-on, les catholiques ; ils font des livres, ils font des brochures, ils écrivent des lettres ; des évêques ont même l'audace de s'écrire par la poste (1).

Enfin une péroraison célèbre, en une phrase que depuis lui ont répétée toutes les lèvres chrétiennes il pousse le cri de guerre des catholiques opprimés :

Dans cette France accoutumée à n'enfanter que des gens de cœur et d'esprit, nous seuls, nous catholiques, nous consentirions à n'être que des imbéciles et des lâches ! Nous nous reconnaîtrons à ce point abâtardis, dégénérés de nos pères, qu'il faille abdiquer notre raison entre les mains du rationalisme, livrer notre consscience à l'Université, notre dignité et notre liberté aux mains de ces légistes, dont la haine pour la liberté de l'Église n'est égalée que par leur ignorance profonde de ses droits et de ses dogmes ! Quoi ! parce que nous sommes de ceux qu'on confesse, croit-on que nous nous relevions des pieds de nos prêtres, tout disposés à tendre les mains aux menottes d'une légalité anticonstitutionnelle ? Quoi ! parce que le sentiment de la foi domine dans nos cœurs, croit-on que l'honneur et le courage y aient péri ? Ah ! qu'on se détrompe. On vous dit : Soyez implacables. Eh bien !

(1) *Œuvres*, i, 367.

soyez-le ; faites tout ce que vous voudrez et tout ce que vous
pourrez : L'Église vous répond par la bouche de Tertullien et du
doux Fénelon : *Nous ne sommes pas à craindre pour vous, mais nous
ne vous craignons pas.* Et moi j'ajoute au nom des catholiques
laïques comme moi, catholiques du xixᵉ siècle, au milieu d'un
peuple libre, nous ne voulons pas être des ilotes, nous sommes les
successeurs des martyrs, nous ne tremblons pas devant les successeurs de Julien l'Apostat; nous sommes les fils des Croisés, nous
ne reculerons pas devant les fils de Voltaire (1).

Un grand nombre d'évêques le soutinrent ;
aussi à propos du projet Villemain, fait-il le siège du
Monopole Universitaire. Du 22 avril au 24 mai, il
assiste aux vint-six séances de la Chambre des Pairs,
l'oreille aux aguets, la riposte toujours prête. Quinze
fois il prend la parole et prononce trois grands discours.
L'alarme une fois donnée, tout l'épiscopat se lève
frémissant contre la loi nouvelle. Rien n'encourage
mieux Montalembert que cette mâle décision de ses
chefs. Il voit avec enthousiasme leurs protestations
énergiques et applaudit leurs revendications justifiées.
Seul, aidé de quelques amis qui ne possèdent point
son talent, il monte à l'assaut, et fait valoir les droits
de la vérité. Le 26 avril, à la Tribune, il répond à
Messieurs Guizot, de Broglie et Cousin ; devoir difficile et périlleux honneur. Sans dissimuler sa pensée
il marche droit à l'ennemi, le démasque avec l'audace
de tout dire qui lui est naturelle et dénonce le projet
de loi comme hostile aux deux grands intérêts
qu'il devait s'efforcer de satisfaire : la liberté et la
religion. Il démontre que cette loi est une loi de réac-
tion contre les progrès religieux de la France, une loi
de suspects contre le clergé, une loi infidèle à tout ce
qu'il y a de généreux dans les instincts de 1789 et les
promesses de 1830. Et magnifiquement, il la repousse

---

(1) *Ibid.,* 401.

de la triple énergie de sa conscience, de sa foi, et de
son patriotisme.

Le 8 mai on discute l'article excluant les congrégations religieuses. A la Tribune, Cousin raconte et
dénature l'histoire des Jésuites ; en prononçant leur
nom, il affecte de se voiler la face, il enfle à plaisir sa
voix majestueuse qui tremble épouvantée, quand le
nom de cette congrégation redoutable est articulé par
ses lèvres. Une émotion de comédie secoue tout son
corps en dénonçant leurs prétendues machinations et
il s'éloigne avec horreur du verre d'eau sucrée, comme
s'il craignait d'y trouver quelque poison.

A ce déchaînement d'injustice et de haine, seul
Montalembert a le courage de résister. Il se lève pour
défendre avec les Jésuites « la liberté de la conscience
et de la vertu ». Il montre deux représentants éminents
des Ordres menacés, le père de Ravignan et le
Père Lacordaire, attirant aux pieds de la chaire
chrétienne des milliers d'auditeurs émus et attentifs
et faisant de cette chaire où retentirent les paroles
éloquentes de Bossuet et de Massillon une des gloires
de la France au point de vue intellectuel et littéraire.

Eh bien ! ces deux hommes, l'honneur de la France catholique,
ces deux hommes dont je chercherais difficilement les rivaux et
surtout les supérieurs à aucune autre tribune soit politique soit
littéraire, ces deux hommes, vous les proscrivez, vous les déclarez
incapables d'être maîtres d'études, vous leur refusez le droit que
vous livrez au dernier de vos bacheliers, et cela dans une loi qui
s'appelle une loi de liberté ! Vous les excluez de cet enseignement
auquel se livrent impunément tels hommes que je ne veux pas
nommer à côté d'eux, et qui ont soulevé tant de scandales ; vous
les excluez, eux seuls ; je me trompe eux et les coupables flétris par
la justice universelle du pays, ou flétris au jugement de leurs con-
citoyens pour leur immoralité notoire ! Et pour quelle cause les
excluez-vous ? Leur capacité ne saurait être douteuse ; et d'ailleurs, ils ne reculeraient eux et leurs frères devant aucune condition de capacité. Est-ce donc leur moralité qui vous inquiète ?
Ont-ils commis quelque délit ? sont-ce des conspirateurs, des enne-

mis du repos public ? Non, leur vie est aussi irréprochable que leur
éloquence est éclatante, ils ont passé partout en faisant le bien.
Leur crime, le voici ! c'est d'avoir senti qu'il fallait mettre leur
talent, leur énergie, leur dévouement, leur désintéressement même
sous la sauvegarde d'un lien sacré ; c'est d'avoir juré à Dieu de
rester chastes, pauvres, obéissants ; c'est d'avoir renoncé aux trois
grandes tentations de l'humanité, la chair, l'or et l'indépendance
de volonté ; leur crime, c'est de s'être engagés par des obligations
spéciales et inviolables, et jusqu'à la mort, au service de Dieu et
du prochain. Voilà leur crime, voilà pourquoi des législateurs d'un
pays civilisé qui se disent chrétiens et qui se révoltent quand on les
qualifie d'incrédules, déclarent ces hommes dont je parle, eux
et leurs pareils, incapables de veiller sur l'enfance.

. . . .
Où donc a-t-on pris le droit de dire au nom de la France : j'ai
assez de force, assez de talent, assez de dévouement comme cela ;
je n'ai plus besoin de rien, on dit que ces hommes ont tout cela ;
mais peu m'importe je ne veux pas même en essayer : ils sont
Français aussi, peu m'importe encore, que le sein de la patrie
leur demeure fermé. Ils réclament la liberté et l'égalité ; que la
liberté soit pour eux une chimère, l'égalité un mensonge ; ou
plutôt qu'ils soient libres comme les forçats libérés, et égaux
aux repris de justice. Oui, Messieurs, c'est bien cela ; les forçats, les repris de justice et les moines ; voilà les trois seules
catégories que vous excluez (1).

Ce jour-là, Montalembert avait parlé sans espoir
et sans peur. Car les ordres religieux ne sont-ils point
toujours condamnés par la coupable timidité des uns
autant que par l'irréligieuse animosité des autres. Ne
fallait-il pas un courage surhumain pour prendre dans
une assemblée en majorité voltairienne, imprégnée
encore des sophismes du xviiie siècle, la défense d'une
congrégation à certains chrétiens même, farouchement
antipathique.

Enfin le 21 mai, il était encore à la tribune, à propos
de la question des petits séminaires. Jetant un regard
vers le passé, modèle de l'avenir, il mettait en garde

----

(1) *Œuvres*, i, 492.

le gouvernement contre l'écueil de la persécution, qui,
si elle n'engendre pas toujours la haine au cœur des
persécutés, propage et enracine la désaffection, exci-
tant une de ces résistances lentes à se former, mais
bien plus lentes encore à disparaître et qui devient
peu à peu un de ces obstacles redoutables contre lequel
se brisent les forts et les habiles.

Oui, sachez-le, au fond de chaque presbytère, au pied de chaque
autel, devant chaque foyer domestique où se réuniront les catholiques, auprès de chaque berceau où veillera une mère chrétienne
vous armerez contre vous les sentiments les plus profonds et les
plus énergiques que le cœur humain puisse nourrir et vous aurez
fait tout cela par peur de la liberté, par complaisance pour des
passions vieillies et pour les traditions des plus mauvais temps
de notre histoire (1).

Malgré tout, le Gouvernement persiste dans son
dessein et se voit approuvé par la Chambre des Pairs.
Le projet est présenté à la Chambre des députés quand
tout à coup une étonnante nouvelle circule dans Paris, se répand à travers la France : l'auteur de la loi, M.
Villemain est devenu subitement fou. Chose étrange,
il ne voit partout que des Jésuites. Sur la place de la
Concorde, appuyé au bras d'un ami, il s'arrête, subite
ment couvert d'une sueur glaciale : Qu'est-ce donc ?
Qu'avez-vous ? — Comment, vous ne voyez pas ? —
Quoi donc ? Mas là bas, ici, tout autour, des Jésuites
et des Jésuites ? » Et ces Jésuites terrifiants étaient
d'inoffensifs pavés.

Sans retard et sans regret, M. Guizot abandonne
ministre et projet et appelle M. de Salvandy à l'ins-
truction publique.

En 1846, la Chambre est dissoute. Saisissant l'occasion, Montalembert porte dans tout le pays son action

------

(1) *Œuvres*, I, 543.

personnelle, incessante, infatigable ; il encourage les
timides, réveille les endormis, conseille les uns et secoue
les autres, enfin pour donner aux catholiques conscience de leur force, il publie sa brochure sur le *Devoir
des Catholiques dans les élections*, et conseils, reproches,
exhortations, prières débordent de son âme comme un
torrent de feu (1). Les élections amènent à la Chambre
140 partisans de la liberté d'enseignement. Hélas !
déjà se font jour mille difficultés, déjà se révèlent mille
dissensions intestines causées par de funestes intran-
sigeances, lorsque M. de Salvandy « un paon plein
d'honneur », comme l'appelait injustement M. Thiers,
met tout le monde d'accord en déposant son projet.
Il faisait aux partisans de la liberté l'aumône de beaux
principes et de phrases majestueuses, et distribuait
aux adversaires les faveurs de sa loi.

A la Chambre des députés, M. Liadères dans un
prétentieux rapport, revendiqua les droits imprescrip-
tibles de l'État, nargua les catholiques, exalta les
évêques qui se taisaient et aggrava sur certains points
le déjà peu projet libéral.

Montalembert attaque le rapport ; il en flétrit avec
une verve entraînante les dangereux sophismes, il
dévoile la faiblesse des lieux communs il le déchire,
le lacère. Ce fut une véritable charge de cavalerie et
quand « l'orateur eût passé comme un ouragan impé-
tueux sur ce pauvre rapport, rien n'en demeura.
L'œuvre du légiste était criblée, mise en pièces,
anéantie (2). »

Le projet Salvandy ne devait jamais avoir l'honneur
d'un débat public, il fut emporté par le vent violent

____

(1) P. Lecanuet.
(2) P. Lecanuet.

qui chassa du trône la dynastie d'Orléans et ébranla
les principales monarchies.

Dans cette lutte aux proportions épiques que Montalembert soutint presque tout seul, il trouva dans le directeur de l'*Univers*, Louis Veuillot, un puissant allié. Avec sa fougue virulente, l'âpreté de son talent, la mordante ironie de son esprit, avec ses qualités et ses défauts, Veuillot contribua au succès. Polémiste ardent, ne craignant pas la crudité des termes, parfois violent, parfois injuste, mais toujours sincère, et merveilleusement honnête homme, il donna de nombreux coups, il en reçut aussi. On peut ne point partager toutes ses idées, ne pas approuver ses excès de polémique, on n'en doit pas moins estimer l'homme, et admirer l'écrivain, au dire de M. Jules Lemaître, « l'un des cinq ou six plus grands prosateurs du xixe siècle. » A cette époque, l'empire et les circonstances n'avaient pas encore creusé de fossé entre Montalembert et lui. Unis l'un dans la presse, l'autre à la tribune, ils préparèrent la même œuvre dont l'intervention de M. de Falloux allait assurer le triomphe.

Montalembert et de Falloux, deux noms que nos mémoires ne devraient pas séparer, et que ne devraient pas séparer davantage nos éloges. L'un a préparé l'opinion publique à la liberté d'enseignement il a entraîné les foules catholiques à sa conquête, et il a su, c'est peut-être là son plus beau titre de gloire, s'effacer à l'heure des transactions nécessaires. L'autre, dans le silence de sa prière et le travail de son cabinet a forgé la loi possible. Autour de la table ministérielle, dans les couloirs parlementaires il a défendu son projet et Dieu les a récompensés tous deux le 15 mars 1850, quand par 399 voix contre 237 l'Assemblée rendit à la France la liberté d'enseignement.

Mais si la question religieuse occupait Montalembert elle ne le prenait point tout entier. Son esprit assimilateur, son intelligence ouverte à toutes les questions amenait fréquemment son intervention à la Tribune. Il se faisait écouter à propos de la Pologne, de l'Irlande de l'Italie et de la Suisse. La question belge retenait aussi son attention, ainsi que les diverses mesures sociales de la Monarchie de Juillet.

En 1840, le 4 mars, il prononçait un de ses plus éloquents discours, réclamant l'intervention de l'État pour interdire aux enfants le travail dans les manufactures. Dans un chaleureux plaidoyer, il s'élevait contre l'absence de législation qui prétendant favoriser la liberté, avait engendré de monstrueux abus. Son éloquence généreuse poursuivant cette servitude de fer, assurait le vote de la loi à la Chambre des Pairs et résonnait douloureusement dans les consciences religieuses. Ce fut le chant précurseur du catholicisme social.

Souvent je me suis dit : Si un tyran, un conquérant étranger s'était emparé de la France, comme la Russie par exemple s'est emparée de la Pologne, et s'il nous eût tenu ce langage : Dès qu'ils seront en état de se tenir sur leurs jambes, des milliers de vos enfants vous seront enlevés, seront introduits dans des établissements où leur organisation physique sera dégradée, affaiblie d'année en année, où au lieu de connaître les jouissances, la gaieté, la liberté de leur âge, ils seront initiés à tout ce qu'il y a de plus déplorable dans la dépravation humaine, où ils seront moralement abrutis d'abord, puis intellectuellement hébétés pour être ensuite physiquement énervés, où vos jeunes filles perdront leur innocence avant même d'être nubiles, si un tyran, dis-je, en agissait ainsi avec la France, il n'y aurait pas assez de haine et d'injures à déverser sur sa tête.

Eh bien ! le joug de l'industrie est celui-là Messieurs. Ce n'est pas sa volonté, je le sais bien, mais voilà ses résultats. Je n'accuse personne, je ne prétends pas désigner telle ou telle industrie comme spécialement coupable. Je reconnais le jour des choses, l'impitoyable empire de la concurrence. Mais cet état existe, cet état pèse sur les générations de la France ; et comme l'a dit un vénérable prélat, autrefois votre collègue le cardinal de Croï : « Sur l'extrême faiblesse, pèse l'extrême oppression. » Je dis que cet état de choses est révoltant pour la moralité de notre pays, et que s'il faut blâmer quelqu'un, ce sont ceux qui appellent cela du progrès et de la liberté et ces autres qui, absorbés dans de misérables questions personnelles, n'ont pas d'entrailles pour les véritables besoins sociaux de la patrie.

.   .   .   .   ,   .   .

Ce que j'attaque et que je déplore, c'est l'industrie casernée pour ainsi dire, l'industrie des filatures et autres usines de ce genre qui arrache le pauvre, sa femme, ses enfants aux habitudes de la famille, aux bienfaits de la vie des champs pour les parquer dans des casernes malsaines, dans de véritables prisons, où tous les âges, tous les sexes sont condamnés à une dépravation systématique et progressive.

Voici un projet qui vous propose de sauver au moins l'enfance, de la dérober à une partie notable de ces dangers. Votre devoir est de l'adopter. Vous mettrez ainsi un frein nécessaire aux mauvaises passions, qui sont le fléau de toutes les choses de ce monde et qui déshonorent l'industrie sans l'enrichir. Nous vivons à une époque où il est difficile de faire le bien, mais je crois que nous pouvons encore empêcher beaucoup de mal. C'est là le but de la loi que vous offre votre commission et c'est pourquoi je supplie la Chambre de l'adopter.

En 1848, Montalembert devait, à propos des affaires religieuses de Suisse, faire montre à la tribune d'une remarquable prescience des événements. Les cantons protestants de Suisse, sur une question de liberté cantonale intérieure, avaient déclaré la guerre aux cantons catholiques. L'union de ces derniers, le Sonderbund, ne les avait pu sauver de la défaite. Le triomphe avait été honteux. A Fribourg et à Lucerne, les biens des associations religieuses et charitables furent confisqués, et les membres des congrégations d'hommes et de femmes forcés de quitter le territoire dans les trois jours. A la face de l'Europe muette ou consentante, l'orateur jeta la protestation de son âme d'honnête homme indignée, de sa conscience de chrétien douloureusement froissée.

Je ne viens pas parler pour des vaincus mais à des vaincus, vaincu moi-même à des vaincus, c'est-à-dire au représentant de l'ordre social, de l'ordre régulier, de l'ordre libéral qui vient d'être vaincu en Suisse et qui est menacé dans toute l'Europe par une nouvelle invasion de Barbares...

Voyez-vous ces hommes armés qui montent par ce défilé des Alpes que beaucoup d'entre vous ont franchi ? Les voilà qui suivent le sentier escarpé que pendant tant de siècles, des milliers de chrétiens, d'étrangers, de voyageurs, ont foulé avec respect et reconnaissance ; ils vont là où la République française s'était arrêtée avec respect, là ou le premier consul Bonaparte avait laissé avec sa gloire le souvenir de son intelligente tolérance ; là où le corps de Desaix, de votre camarade Desaix a trouvé un tombeau digne de lui ! — Et que vont-ils y faire ces vainqueurs sans combat ? Il faut le dire sans détour, car le mot est encore moins ignoble que la chose ; ils y vont pour voler, oui pour voler le patrimoine des pauvres, des voyageurs, de ces moines de Saint-Bernard, que dix siècles ont entouré de leur vénération et de leur amour.

Enfin il s'écriait le cœur brisé et l'âme désolée :

Et puisqu'on a eu le triste courage de venir à cette tribune se moquer des vaincus et ajouter à l'amertume de leur défaite l'amertume de la dérision ; qu'on me permette de dire tout ce que je pense. Oui la défaite a été honteuse. La vérité m'arrache ce témoignage au détriment même de mes amis. Mais savez-vous quelque chose de bien plus honteux que cette défaite ? C'est la victoire, cette victoire remportée, sans combat, par dix contre un, victoire qui se présentera à la postérité flanquée d'un côté par une sœur de charité expulsée, et de l'autre par un moine du Saint-Bernard, spolié, chassé et insulté par ces lâches vainqueurs (1).

. . . .

Qu'on ne vienne pas dire comme certains esprits généreux, mais aveugles que le radicalisme c'est l'exagération du libéralisme, non c'en est l'antipode, c'est l'extrême opposé ; le radicalisme n'est que l'exagération du despotisme, rien autre chose, et jamais le despotisme n'affecta une forme plus odieuse. La liberté, c'est la tolérance raisonnée, volontaire, le radicalisme, c'est l'intolérance absolue qui ne s'arrête que devant l'impossible. La liberté n'impose à personne des sacrifices inutiles ; le radicalisme ne supporte pas une pensée, une parole, une prière contraire à sa volonté ; la liberté consacre les droits des minorités ; le radicalisme les absorbe et les anéantit. En un mot, et pour tout résumer la liberté, c'est le respect de l'homme, tandis que le radicalisme, c'est le mépris de l'homme poussé à sa plus haute puissance. Non, jamais, jamais despote moscovite, jamais tyran de l'Orient n'a plus méprisé ses

____

(1) *Œuvres*, ii, 683.

semblables que ne le méprisent ces clubistes radicaux qui baillon-
nent leurs adversaires vaincus au nom de la liberté et de l'égalité (1).

Quelques jours après ce discours dans lequel l'orateur avait montré une si claire vision des événements,
la tempête du radicalisme bouscula les fragiles gouvernements de l'Europe et renversa la monarchie de
Juillet.

------

(1) *Œuvres*, ii, 693.

La seconde république (1848-1852).

Sous la seconde république Montalembert privé
de la tribune par la chute de la pairie fut élu dans le
Doubs, représentant du peuple. Son talent de jour en
jour s'affirmait et grande fut son autorité sur les deux
Assemblées qui régnèrent de 1848 à 1852. Durant
ces quatre années l'illustre orateur prit la parole un
assez grand nombre de fois ; il eut d'abord ainsi que
nous l'avons dit, la joie de voir consacrée définitive-
ment la liberté d'enseignement ; il prit la défense de
Pie IX opprimé, il s'efforça de faire triompher la loi
sur le repos du dimanche.

A la suite de troubles violents dont Rome avait
été l'objet, le pape avait dû prendre la fuite et le chemin de l'exil.

Le 28 novembre à la Tribune, Montalembert félicite
le général Cavaignac d'avoir fait embarquer une armée
pour protéger la personne du pape exilé. Sans détour,
il dit que la question n'est ni française, ni italienne,
ni même européenne, mais catholique et que c'est
pour la France un immense honneur qu'elle doit à sa
tradition nationale, de consacrer l'indépendance de
l'idée catholique « car, ajoute-t-il, veuillez bien comprendre ceci : la liberté religieuse des catholiques a
pour condition sine qua non la liberté du pape, la
liberté de celui qui est pour eux la religion vivante (1). »

L'année suivante, le général Oudinot, ce digne fils
d'un des géants de nos grandes guerres impériales
a repris Rome et a remis Pie IX en possession de ses
États, mais Louis Napoléon, en une lettre rendue

----

(1) *Œuvres*, iii, 108.

publique, réclame électorale de mauvais aloi, exige amnistie complète, sécularisation des emplois, promulgation du Code Napoléon.

L'Assemblée législative est alors saisie de la question, et le 19 octobre 1849, Montalembert répondant à Victor Hugo, prononce un de ses plus magnifiques discours. Il rappelle les universelles acclamations qui ont salué le nouveau Pape à son avènement. Il dit ses initiatives libérales et flétrit l'ingratitude de ses sujets. Empruntant une parole de Bossuet, il montre ce je ne sais quoi d'achevé que le malheur ajoute à la vertu. En une langue superbe, il rend les révolutionnaires responsables des troubles qui menaçaient le Saint-Père et il atteint à la plus haute éloquence quand il magnifie la liberté :

> Savez-vous quel est devant le monde le plus grand de tous vos crimes ? Ce n'est pas seulement le sang innocent que vous avez versé, quoiqu'il crie vengeance au ciel contre vous ; ce n'est pas seulement d'avoir semé à pleines mains la ruine dans l'Europe entière : non ! c'est d'avoir désenchanté le monde de la liberté. C'est d'avoir en quelque sorte désorienté le monde ! C'est d'avoir compromis ou ébranlé, ou anéanti dans tous les cœurs honnêtes cette noble croyance ! C'est d'avoir refoulé vers sa source le torrent des destinées humaines ! (1)

Bientôt l'émotion l'étreignait à la vue de l'Église opprimée, du Pape menacé. Les interruptions et les clameurs de l'extrême gauche à l'endroit de l'immortel empire de l'Église sur les âmes provoquent de sa part de foudroyantes répliques et amènent sur ses lèvres le plus splendide mot d'amour que jamais assemblée n'entendit :

> Vous le niez ? vous niez la force morale, vous niez la foi, vous

____

(1) *Œuvres*, III, 284.

niez l'empire de l'autorité pontificale sur les âmes, cet empire, qui a eu raison des plus fiers empereurs ? Eh bien ! soit ; mais il y a une chose que vous ne pouvez pas nier, c'est cette faiblesse qui fait sa force insurmontable contre vous, car il n'y a pas dans l'histoire du monde un plus grand spectacle, et un plus consolant, que les embarras de la force aux prises avec la faiblesse

Permettez-moi une comparaison familière. Quand un homme est condamné à lutter contre une femme, si cette femme n'est pas la dernière des créatures, elle peut le braver impunément. Elle lui dit : « Frappez et vous vous déshonorerez et vous ne vaincrez pas. Eh bien ! l'Église n'est pas une femme, elle est bien plus qu'une femme, c'est une mère (1).

Je ne sache pas que dans l'histoire parlementaire existe un plus sublime et plus pénétrant cri d'amour. Et quelle puissance ne lui ajoute pas dix-neuf siècles de persécutions.

Une autre œuvre aussi tenta Montalembert. Profondément ému des injustices sociales, peiné dans sa conscience d'honnête homme et de chrétien que « sur l'extrême misère pesa l'extrême oppression (2) », il s'efforça d'arracher au joug de fer du matérialisme l'âme, l'intelligence et le corps de l'ouvrier des villes et des campagnes. L'Assemblée Nationale le chargea en 1850 du rapport sur *l'observation de la loi du dimanche*. Ce rapport sur la proposition de M. d'Olivier a été inséré dans le tome troisième des discours de Montalembert (3). Ne pouvant le donner tout entier nous y renvoyons nos lecteurs. Les principaux arguments en faveur d'un repos hebdomadaire, et surtout du repos dominical y sont exposés avec force, et avec

---

(1) *Ibid.*, III, 289.

(2) Le cardinal de Croï.

(3) Les discours de Montalembert ont été publiés deux fois d'abord en 1860, puis en 1892. Dans cette dernière édition quelques discours ont été supprimés et d'autres ajoutés. Le rapport sur la proposition de M. d'Olivier se trouve dans la première édition des Discours.

une conviction passionnée. L'orateur d'abord déclare
que refuser le repos du dimanche « c'est déclarer à la
face du ciel et des hommes que nous avons substitué
la religion du gain, le culte de l'argent et la divinité
de la matière à la vieille foi de Clovis et de Jeanne
d'Arc (1). » Il montre les conséquences du repos dominical violé : l'âme privée de sa nourriture en même
temps que le corps de son repos ; le pauvre, l'ouvrier
livrés sans défense à l'influence chaque jour croissante
du mensonge et du mal, et il termine l'exposé des
motifs en constatant que « la profanation du dimanche est devenue la ruine de la santé morale et
physique du peuple, en même temps que la ruine de la
famille et de la liberté religieuse (2). »

La profanation du dimanche était disait-il un
attentat à la liberté, à l'égalité ; à la liberté, car les
exigences insensées de l'industrie, le privaient ce jour-
là, sous peine de renvoi de jouissances de la famille :
Attentat à l'Égalité, la seule vraie, la seule durable,
l'égalité des hommes devant Dieu dont le repos du
dimanche était le titre le plus patent. Attentat enfin
à la dignité de l'homme :

Ce jour-là où il lui était, non seulement permis, mais enjoint
de redresser son front pour retrouver Dieu et rafraîchir son âme,
où la religion lui rappelait périodiquement qu'il était né pour
l'immortalité, né pour régner sur la nature et capable de mériter
un bonheur infini ; ce jour, symbole de la grandeur de son origine,
de son ancien bonheur, de son émancipation future ; ce jour enfin
destiné à lui verser chaque semaine dans l'âme un nouveau prin-
cipe de vie, ce jour a été refoulé dans la masse de ces jours, confon-
du avec la série ordinaire de ses labeurs et de ses ennuis, ou rem-
placé par la fête de l'intempérance et de la prodigalité (3).

---

(1) *Œuvres*, iii, 488.
(2) *Ibid.*, 490.
(3) *Œuvres.*, 496.

Il cherchait les remèdes à ce mal. La bonne volonté
n'avait donné aucun résultat. L'idée d'association
trop peu développée et dans l'esprit des hommes et
dans la réalité des faits n'avait qu'exceptionnel-
lement réussi. L'État seul, pouvait par une large et
tolérante législation obtenir quelque bien, et Montalembert définissait ce qu'il entendait demander.

Nous ne voulons ni ne pouvons forcer l'ouvrier de se reposer le
dimanche et de se reposer à l'Église. Nous ne pouvons ni ne
voulons le contraindre à travailler le lundi en lui fermant la porte
du cabaret. Mais nous prétendons, autant que possible lui assurer
la liberté de placer son repos au jour destiné par Dieu et par
l'exemple de ses pères ; nous prétendons écarter les obstacles qui
s'opposent à ce que l'homme soit libre de choisir entre le bien et le
mal, et son choix fait d'accomplir le bien...

Aux économistes qui invoquent la liberté du travail, nous deman-
derons des garanties pour la liberté du repos ; et aux socialistes qui
ont imaginé le droit au travail nous opposerons la loi de Dieu qui
a créé le droit du repos. Nous donnerons aux classes laborieuses
un gage de la tendre et vigilante sympathie qui doit nous animer
pour elles. Nous travaillerons à leur élévation morale en même
temps qu'à leur soulagement matériel. Nous rendrons enfin la force
et l'appui des Pouvoirs Publics à l'observation de ce jour que le
monde ancien a nommé pendant tant de siècles le jour du Seigneur
et que nous n'hésitons pas à nommer encore le jour de Dieu et du
pauvre.

Quant à ceux qui dans un esprit différent, nous opposeraient
des préjugés surannés ou des appréhensions exagérées, en invo-
quant le fantôme d'un passé que personne en France ne songe à
rétablir, nous les prions de jeter un regard attentif et sévère sur
le présent et l'avenir du pays.

Alors le rapporteur prenant pour cri de ralliement
les trois noms de *religion*, de *famille*, de *propriété*
soutenait dans une éloquente péroraison que le triple
intérêt de la propriété, de la famille, de la religion
exigeait le rétablissement de l'observation du diman-

------

(1) *Œuvres*, 508.

che. Il montrait la propriété menacée par l'encombre-
ment des produits, la concurrence illimitée qui aboutit
sans cesse au monopole, par les insatiables cupidités
de la spéculation, tous abus qu'a déchaînés ou favo-
risés la suppression du repos périodique et religieux.

Il déplorait la ruine de la famille, qui déjà, durant la
semaine, dispersée, n'avait même plus le dimanche
pour vivre d'une vie commune.

C'en sera fait enfin, s'écriait Montalembert, de la subordination
et du respect filial, entre le père et le fils établis ensemble au
cabaret, pendant que la mère et les fils reprennent tristement
leurs labeurs : et d'ailleurs de quel droit le père exigerait-il le
respect et l'obéissance de ses enfants, lorsqu'il refuse l'un et
l'autre à la loi du Père céleste de tous les hommes.

Quant à la religion, ceux qui ont inscrit son nom sur la bannière du
parti de l'ordre devant celui de la famille et de la propriété ont dû
comprendre les obligations qu'ils s'imposaient. Ils s'engageaient,
non pas, certes, à rétablir des privilèges ou des avantages matériels
que la religion n'a jamais réclamés depuis qu'elle les a perdus ;
mais ils s'engageaient à la délivrer de ses entraves, et à la préserver
de ces scandales qui constituent un outrage ou une oppression.

Puis Montalembert vantait l'Assemblée de l'hom-
mage solennel qu'elle avait rendu à l'Église en resti-
tuant à l'enseignement religieux la liberté dont il
avait été si longtemps et si injustement privé. Il féli-
citait ses membres d'avoir ainsi travaillé à la régéné-
ration morale de la France, mais il s'empressait de
rappeler à leurs mémoires engourdies que tout n'est
point fait lorsqu'on a formé des enfants chrétiens.
Il faut encore débarrasser l'atmosphère où ces enfants
doivent grandir et vivre du matérialisme et de l'athé-
isme qui l'infectent, afin qu'à leur tour ils ne soient
pas entraînés dans la voie où leurs aînés se sont perdus.

Enfin ajoutait-il au milieu de regrettables dissidences et d'in-
cessantes complications, on cherche laborieusement des solutions

à la crise où nous nous débattons(1). Il en est une qui peut les remplacer toutes sans en exclure aucune : c'est le rétablissement de la lo morale. Cette loi n'a pas d'autre base, ni d'autre sanction que le christianisme, lequel n'a pas de précepte plus auguste, plus obligatoire et plus facile que l'observation du dimanche.

Renvoyé à Charenton, s'écriait un membre de la gauche à la fin de la lecture de ce rapport. Si peu alors étaient préparés les esprits aux remèdes sociaux assistés de l'État ou imposés par lui que la proposition de M. d'Olivier et le discours de Montalembert tombèrent au milieu d'une universelle indifférence. La suspension des travaux de l'Assemblée par le coup d'État ne permit d'ailleurs aucune discussion.

---

(1) Ce rapport est du 10 décembre 1850. Un véritable malaise inquiétait alors les esprits. Les masses socialistes s'organisaient en vue d'une révolution, et la bourgeoisie apeurée pressait Louis-Napoléon de s'emparer du pouvoir. Un grand nombre des membres de l'assemblée et particulièrement M. de Montalembert craignaient l'acuité du conflit.

Le second empire (1852-1870).

L'attitude de Montalembert à l'aube de l'Empire renaissant a été diversement jugée, rarement comprise, très souvent calomniée. Sa participation tacite à l'acte du 2 décembre assombrit les dernières années de sa vie et jeta sur elles un voile de tristesse. Certes, si à cette heure de son existence il n'eut été investi d'aucune charge publique, si le prestige de son talent, et l'autorité de son éloquence ne lui eussent donné dans les Assemblées une place prépondérante et fait de lui le *leader* des catholiques, il n'aurait pas désiré la tribune et recherché la députation. Pair de France, il n'eut pas voulu survivre à la chute de la pairie et comme Chateaubriand il eût préféré s'asseoir sur les débris du naufrage qu'il avait prédit. Mais chargé des intérêts catholiques dans les deux Chambres républicaines, désireux tout en sauvegardant le présent, de préparer l'avenir il ne pouvait disposer de lui-même. Aussi tout d'abord en souvenir des grandes œuvres accomplies par Louis Napoléon durant sa présidence, la liberté d'enseignement et l'expédition de Rome, Montalembert soutient le prince contre l'Assemblée législative. Au lendemain du Coup d'État, il le soutient encore par horreur du socialisme révolutionnaire. Mais quand il le vit organiser le Pouvoir absolu, confisquer les biens de la famille d'Orléans, refuser à l'Église les garanties légitimes qu'elle réclame, il rentra dans l'opposition, comprenant que les catholiques commettraient une faute impardonnable s'ils désertaient le terrain de leurs luttes passées, s'ils encensaient le nouveau César.

Ce n'est pas qu'il soit ennemi du Gouvernement

existant, plus tard même il applaudira l'Empire libéral
et le Ministère Ollivier. Il avait pris pour règle de sa
conduite politique cette parole que Grégoire XVI lui
avait dit à lui même en 1838 : « L'Église est amie de
tous les gouvernements quelle qu'en soit la forme
pourvu qu'ils n'oppriment pas sa liberté. »

Et sur le terrain de la liberté il s'efforce de grouper à
nouveau les catholiques en écrivant sa lumineuse brochure sur les « *Intérêts catholiques du XIX*e *siècle.* »

Dans les premières pages, il compare la situation du
Catholicisme en 1800 et en 1852 ; puis il étudie le
caractère général de la renaissance du catholicisme,
il lave les catholiques du reproche de vouloir recom-
mencer le moyen âge :

Nous estimons autant que d'autres les avantages de la civilisation moderne. Nous ne contestons aucune des violences, aucune
des iniquités qui ont séparé le moyen âge. Nous savons qu'alors
comme toujours les grandes vertus avaient pour compagnes de
grandes misères. Nous savons surtout que si l'on peut parodier
tout ce qui se rencontre dans l'histoire, l'on ne peut rien recom-
mencer. Nous entendons nous battre avec la plume, la presse,
non avec la lance et l'armet. Nous n'éprouvons pas la moindre
envie de chevaucher à petites journées de Paris à Lyon et de nous
déguiser en chevaliers bannerets ou en troubadours, comme les
humoristes du xvie siècle, et les terroristes du xviiie se dégui-
saient en Grecs et en Romains. Nous ne sommes pas des roman-
tiques, mais des catholiques c'est-à-dire des hommes de tous les
temps et de tous les pays. Il ne s'agit donc pas de ressusciter le
moyen âge : On le sait bien et ceux qui nous opposent cette niaise
appréhension le savent mieux que personne. Cela serait aussi
impossible que de refaire l'Illiade et aussi inutile que de recom-
mencer le siège de Troie. Mais ce qui est possible, ce qui est
utile, mais ce qui se fait et se fera de plus en plus c'est de
ressusciter les sentiments de justice, d'admiration et d'amour que
méritent les grands hommes et les grands saints que le catholicisme avait inspirés ; les grandes institutions que le catholicisme
avait imprégnées de son esprit, les incomparables monuments que
le catholicisme a fait jaillir du sol de l'Europe : c'est de puiser
dans cette étude du passé la force nécessaire pour tenir tête aux
adversaires présents et futurs de l'Église avec la résolution d'élever

et de maintenir le niveau des courages catholiques à la hauteur
du cœur de nos pères. Voilà, qu'on le sache bien ce que nous
voulons ressusciter et rien de plus parce que cela suffit à tout (1).

Comment le catholicisme a-t-il vaincu ? Par la
liberté et la lutte rendue possible par la liberté, mais
prudemment l'écrivain distingue la vraie liberté de
la liberté illimitée :

Ce que j'aime et ce que je désire, c'est la liberté réglée, contenue,
ordonnée, tempérée, la liberté honnête et modérée. La liberté telle
que l'ont proclamée, recherchée, conquise ou rêvée les grands cœurs
et les grandes nations de tous les temps dans l'antiquité comme
depuis la rédemption : la liberté qui bien loin d'être hostile à l'autorité ne peut coexister qu'avec elle mais dont la disparition fait
trop souvent dégénérer l'entente en despotisme (2).

Enfin Montalembert montre que le Gouvernement
représentatif est aujourd'hui dans l'état actuel des
mœurs, des institutions de l'Europe la seule forme
possible de la liberté politique.

Après un court passage au corps Législatif de l'Empire, une retraite forcée tourne l'illustre orateur vers
les travaux de l'écrivain. Parfois le polémiste reprend
la plume, source de démélés avec la justice impériale
ou de disputes avec l'école autocrate de l'Univers.
Deux fois encore Montalembert se fait entendre à
l'Académie dont il est membre depuis 1851 et à Malines
dans un discours fameux sur l'« *Église libre dans
l'État libre.* » Ce furent le chant du cygne de l'admirable orateur. Il ne m'est pas permis de laisser dans
l'équivoque le dernier de ces discours. Emporté par
son éloquence, la passion de son sujet, l'amour de la
liberté, la parole de l'orateur à de certains instants
dépassa les prévisions de sa pensée. Il eut le tort d'éle-

____

(1) *Œuvres*, v, 59.
(2) *Ibid.*, v, 61.

ver à la hauteur d'une règle absolue, des situations contingentes que l'Église est amenée à tolérer.

Mais la grande œuvre à laquelle se dévoua Montalembert tout entier est l'achèvement et la publication des Moines d'Occident. Depuis longtemps il caressait le rêve d'écrire la vie de saint Bernard. Déjà vers 1847, il avait achevé une introduction à la vie de ce saint qui ne comprenait pas moins de deux volumes. Il y étudiait ses précurseurs dans l'ordre monastique. Cependant sur les conseils de Dom Guéranger et de Mgr Dupanloup non satisfaits du travail achevé, il avait eu le courage de le reprendre; puis les matériaux toujours s'accumulant, et le désir lui venant avec l'œuvre commencée, il s'essaya à faire revivre la naissance des ordres monastiques. Il revoyait l'Église triomphante sous l'Empire décadent après la paix de Constantin, puis il retrouvait la vie et l'existence des moines précurseurs, il finissait par l'histoire des moines d'Occident. Mais le plan très vaste devait empêcher l'auteur d'atteindre saint Bernard, et il nous est permis de regretter que le grand orateur et le grand écrivain n'ait point eu le temps de combler ses désirs; il eut sculpté de marbre cette grandiose figure.

Montalembert composa cette histoire avec ferveur et écrivit ces pages avec amour. Durant de longues années, il vécut dans la compagnie des solitaires de la Thébaïde, des ascètes du moyen age. Il aima en eux le désir impérieux du travail régénérateur, l'ardente prière, la perpétuelle pénitence. Il fit comprendre la nécessité véritable de leurs oraisons accumulées pour le rachat des iniquités et la rédemption de ceux qui ne savent, ne peuvent ou ne veulent pas prier. Dans la bibliothèque de la Roche en Breny où il réunissait ses matériaux, feuilletait les lourds volumes où en langue naïve étaient dites les grandeurs de ces héros obscurs ; il lui arrivait de prolonger tardivement son travail minutieux :

Que de fois aussi, dans le silence des nuits, sous le toit du vieux manoir où j'ai écrit la plupart de ces pages, derrière les massifs in-folio où leurs actes ont été enregistrés par une laborieuse postérité, n'ai-je pas cru voir apparaître autour de moi cet important cortège de saints, de pontifes, de docteurs, de missionnaires, des artistes, des maîtres de la parole et de la vie, issus de siècle en siècle des rangs pressés de l'Ordre Monastique. Je contemplais en tremblant ces augustes ressuscités d'un passé plein de gloires méconnues. Leurs austères et bienveillants regards semblaient errer de leurs tombes profanées, de leurs œuvres oubliées, des monuments dédaignés de leur infatigable industrie, du site effacé de leurs saintes demeures, jusque sur moi, leur indigne annaliste, confus et accablé du poids de mon indignité. De leurs mâles et chastes poitrines, j'entendais sortir comme une voix noblement plaintive. Tant de travaux incessants, tant de maux endurés, tant de services rendus, tant de vies consumées pour la gloire de Dieu, pour le bien des hommes ! et pour prix, la calomnie, l'ingratitude, la proscription, le mépris ! Ne se lèvera-t-il donc personne, dans ces générations modernes, à la fois comblées et oublieuses de nos bienfaits pour vénérer notre mémoire (1) !

Tandis que Montalembert fils de preux et preux lui-même se faisait le vengeur des moines calomniés, Dieu lui demandait un grand sacrifice. Il avait loué, il avait admiré des religieux solitaires, Jésus lui réclama la plus aimée de ses filles, celle qui collaborait le plus intimement à son œuvre prodigieuse. Il souffrit dans son cœur de père, mais ne crut pas devoir s'opposer à la sainte vocation. Plus tard, il devait trouver d'inimitables accents pour chanter les célestes épousailles.

« Quel est donc cet amant invisible, mort sur un gibet il y a dix-huit siècles et qui attire ainsi à lui la jeunesse, la beauté et l'amour, qui apparaît aux âmes avec un éclat et un attrait auquel elles ne peuvent résister ? qui fond tout à coup sur elles et en fait sa proie ? qui prend toute vivante la chair de notre chair et s'abreuve du plus pur de notre sang ? Est-ce un homme, non, c'est un Dieu. Voilà le grand secret, la clef de ce sublime et douloureux mystère.

---

(1) *Moines d'Occident*, I, CCLXII.

Un Dieu seul peut emporter de tels triomphes et mériter de tels
abandons. Ce Jésus dont la divinité est tous les jours insultée ou
niée, la prouve tous les jours entre mille autres preuves,
par les miracles de désintéressement et de courage qui s'appellent
des vocations. Des cœurs jeunes et innocents se donnent à lui pour
le récompenser du don qu'il nous a fait de lui-même et ce sacrifice
qui nous crucifie n'est que la réponse de l'amour humain à l'amour
d'un Dieu qui s'est fait crucifié pour nous » (1).

L'introduction, tout d'abord, est un véritable chef-
d'œuvre, consacré à définir la vie monastique, à en
montrer les grandeurs, à la venger de l'ingratitude
des modernes. Montalembert le fit en ne dissimulant
aucune tâche pour avoir le droit de ne voiler aucune
gloire. Puis en un tableau plein de vigueur et d'éloquence contenue, retraça la naissance de l'ordre monastique, son développement au milieu de l'Empire ro-
main finissant et de l'invasion des Barbares. Il fit
revivre saint Benoît donnant à ce corps l'ossature
indispensable, qui manquant aux solitaires d'Orient
avait précipité le déclin de leur grandeur monastique.
Enfin, il étudia les moines se répandant à travers tout
l'Occident. L'œuvre ainsi comprise et ainsi commencée
parut en 1860, mais elle n'était pas achevée. Durant
dix ans, par de multiples recherches, de nombreux
voyages, malgré une déplorable santé et bientôt une
impitoyable maladie, Montalembert allait s'efforcer
de terminer son œuvre. Le chêne vigoureux qu'avait
planté saint Benoît étendait ses branches touffues
à travers l'Europe. L'auteur retrouva les premières
traces de l'Ordre monastique en France sous les Mérovingiens, puis sa sympathie pour la race anglo-saxonne
l'attira vers l'Angleterre. Il s'ingénia et réussit à dé-
vider l'écheveau embrouillé des luttes politiques et

------

(1) *Ibid.*, v.

religieuses qui avaient rempli la Grande Bretagne
avant la conquête normande. Enfin, il commençait
à décrire la bienfaisante influence des moines en Italie,
en Espagne, en Allemagne, « une tache aux lointaines
perspectives était entrevue, quand sur le sillon ina-
chevé, le laboureur qui ne consentait pas à se reposer
tomba » (1).

Montalembert avait craint l'inutilité de l'Œuvre
entreprise, il avait craint le mépris, bien plus encore
le silence. Mais il pouvait se tranquilliser, les
« *Moines d'Occident* » devaient rencontrer le succès
et élever à la gloire de leur auteur un superbe monu-
ment. Les catholiques n'étaient point les seuls admira-
teurs, Littré lui-même écrivait dans le Journal des
savants : « A l'époque qui remplit les deux premiers
volumes de M. Montalembert, la grande tâche de con-
vertir, d'instruire, de moraliser les Germains échut à
l'Église et à sa milice : époque mémorable dont il a
retracé le côté héroïque en peignant les moines devant
les Barbares ; le côté poétique et gracieux en peignant
les moines devant la nature ; le côté fécond en appelant
par une heureuse et brillante expression, la composi-
tion de l'esprit chrétien et de l'esprit barbare, les fraî-
ches fiançailles de l'Église avec le peuple Germain. »

L'instant approchait où le moissonneur ayant achevé
sa moisson, allait goûter le repos promis. Une maladie
de reins, pénible et douloureuse minait Montalembert
depuis quelques années. Surtout depuis trois ans, il
ne pouvait plus ni travailler ni se mouvoir. Il fallait
le conduire de pièce en pièce, l'approcher de son bureau,
où l'asseoir dans son salon. Épreuve dernière pour celui
qui avait tant aimé le mouvement et l'indépendance !

A peine alors avait-il soixante ans et déjà il lui fallait

____

(1) Vicomte de Meaux.

songer au suprême voyage. Un matin de mars 1870, la sœur qui le veillait entendit un profond soupir. Elle eut le temps de lui suggérer, il eut le temps de dire, « Jésus, Marie », il rendait sa belle âme à Dieu.

Montalembert fut un de ces laïques éminents tel que de siècle en siècle il s'en élève : forts de l'amour du Christ, ils vont à la conquête des libertés de son épouse ; dans le monde l'exemple de leur vie leur acquiert sympathie et admiration, dans le peuple leur éloquence entraînante, la générosité de leur attitude leur gagne les âmes. Ils sont les auxiliaires du clergé et les fils respectueux de l'Église. Semblables à ces lutteurs antiques, qui dans les jeux Olympiques de la Grèce se passaient l'un l'autre le flambeau quand sur la stade ils tombaient épuisés, ainsi ces lutteurs catholiques à travers les pays par delà les générations se transmettent inviolable et sacrée la torche lumineuse de la foi. Et depuis le temps où Tertullien jetait à Rome persécutrice le défi des martyrs, semence de chrétiens jusqu'au jour où dans le Parlement français Montalembert opposait les Fils opprimés des Croisés aux fils triomphants de Voltaire, aucun athlète ne devait faillir à la tâche glorieuse : « *In reos majestatis et publicos hostes, omnis homo miles est.* » Tout homme est soldat pour la défense de l'Église immortelle.

Imp. Leroy, 185, rue de Vanves. Paris.

Éditions du « *Petit Démocrate* »

Boulevard Gambetta, 16, LIMOGES

Apologétique populaire

L'existence de Dieu, abbé J. Desgranges (Conférence contradictoire (25e mille).	0 20
La condamnation de Galilée (4e édition refondue).	0 20
La Saint-Barthélemy (7e mille), Claude Peyroux.	0 20
Étienne Dolet, le Chevalier de la Barre, Claude Peyroux	0 20
L'Église et l'Instruction du Peuple (8e mille), Mary Job.	0 20
L'Inquisition (8e mille), Claude Peyroux	0 20
Voltaire (7e mille), Claude Peyroux	0 20
Les Miracles de Lourdes (12e mille), abbé Desgranges.	0 25
Modernisme, Science et Démocratie, abbé Ch. de Lestang	0 40
Controverse Desgranges-Aulard sur les Manuels scolaires (21e mille)	0 20
Pour trouver des Sujets et des Idées, abbé Theillier de Poncheville.	0 20
Le Clergé et la Révolution de 1838, Cl. Peyroux	0 20
Pourquoi nous ne sommes pas collectivistes, Ém. Barret.	0 20
Les saints Limousins, abbé J. Desgranges.	0 20
Qui a brûlé Jeanne d'Arc ? Édition refondue et mise à jour (10e mille).	0 20
L'Édit de Nantes et sa Révocation, Cl. Peyroux.	0 .20

Action sociale

Les Ouvriers de la Cité future (13e mille), abbé J. Desgranges	0 50
Les leçons d'un Congrès terrien, Ch. de Lestang.	0 25
Les Socialistes contre la propriété paysanne, Ém. Barret.	0 20
Les journées d'Émigrants de Guéret, J. Mesnil.	0 60

Ces prix sont calculés franco.

D'importantes remises sont faites pour propagande. Ainsi pour 10 fr. 85 nous envoyons un colis de 100 **tracts,** à 0 fr. 20, au choix.

Librairie VICTOR LECOFFRE

J. GABALDA et Cⁱᵉ, rue Bonaparte, 90, Paris

Les Moines d'Occident, depuis S. Benoît jusqu'à S. Bernard, par le comte DE MONTALEMBERT, 7 vol. in-8.   52 fr. 50
— Tomes I et II .   15 fr. »
— Tomes III, IV et V   21 fr. 50
— Tomes VI et VII.   16 fr. »
Œuvres polémiques et diverses de M. le comte de Montalembert. (T. IV, V et IX des *Œuvres*), 3 vol. in-8.   18 fr.
— Le tome IX se vend séparément .   6 fr.
Les Moines, par le comte DE MONTALEMBERT, 1 vol in-12. 2 fr.
— Ce volume est extrait de l'*Introduction* des *Moines d'Occident*.
Lettres à un ami de collège (1827-1830), par M. le comte DE MONTALEMBERT. Nouvelle édition augmentée des réponses de M. Léon CORNUDET, avec avant-propos et épilogue, par M. Michel CORNUDET. 1 vol. in-8, avec 2 portraits.   5 fr.
Montalembert et Mgr Parisis, d'après des documents inédits (1843-1848), par l'abbé L. FOLLIOLEY, 1 vol. in-12 .   3 fr. 50

Divisions de cet ouvrage :

Préparatifs de guerre et premières hostilités. — Le projet de loi Villemain. — Manuel Dupin et question des Jésuites. — Les Bénédictins de Solesmes. — Négociations à Paris et à Rome. — Élections pour la Chambre des députés. — Le jubilé de Liège. — Élections de Pie IX. — Le chapitre de Saint-Denis. — *Les Cas de conscience.* — La fin du régime,

Études de critique et d'histoire religieuse. PREMIÈRE SÉRIE : Les origines du symbole des Apôtres. — Les origines du célibat ecclésiastique. — Les élections épiscopales sous les Mérovingiens. — L'Église et les ordalies. — Les papes et la Saint-Barthélemy. — La condamnation de Galilée, par M. l'abbé VACANDARD, aumônier du Lycée de Rouen. *Quatrième édition revue et augmentée.* 1 vol. in-12 .   3 fr. 50
— DEUXIÈME SÉRIE : L'institution formelle de l'Église par le Christ. — Les origines de la confession sacramentelle. — La question du service militaire chez les premiers chrétiens. — La question de l'âme des femmes au concile de Mâcon. — L'hérésie albigeoise au temps d'Innocent III. — La nature du pouvoir coercitif de l'Église. *Deuxième édition.* 1 vol. in-12 .   3 fr. 50